EXTREME DOT PUZZLES WITH OVER 15000 DOTS

DOT TO DOT PUZZLE

BY **MODERN PUZZLES PRESS**

PETS

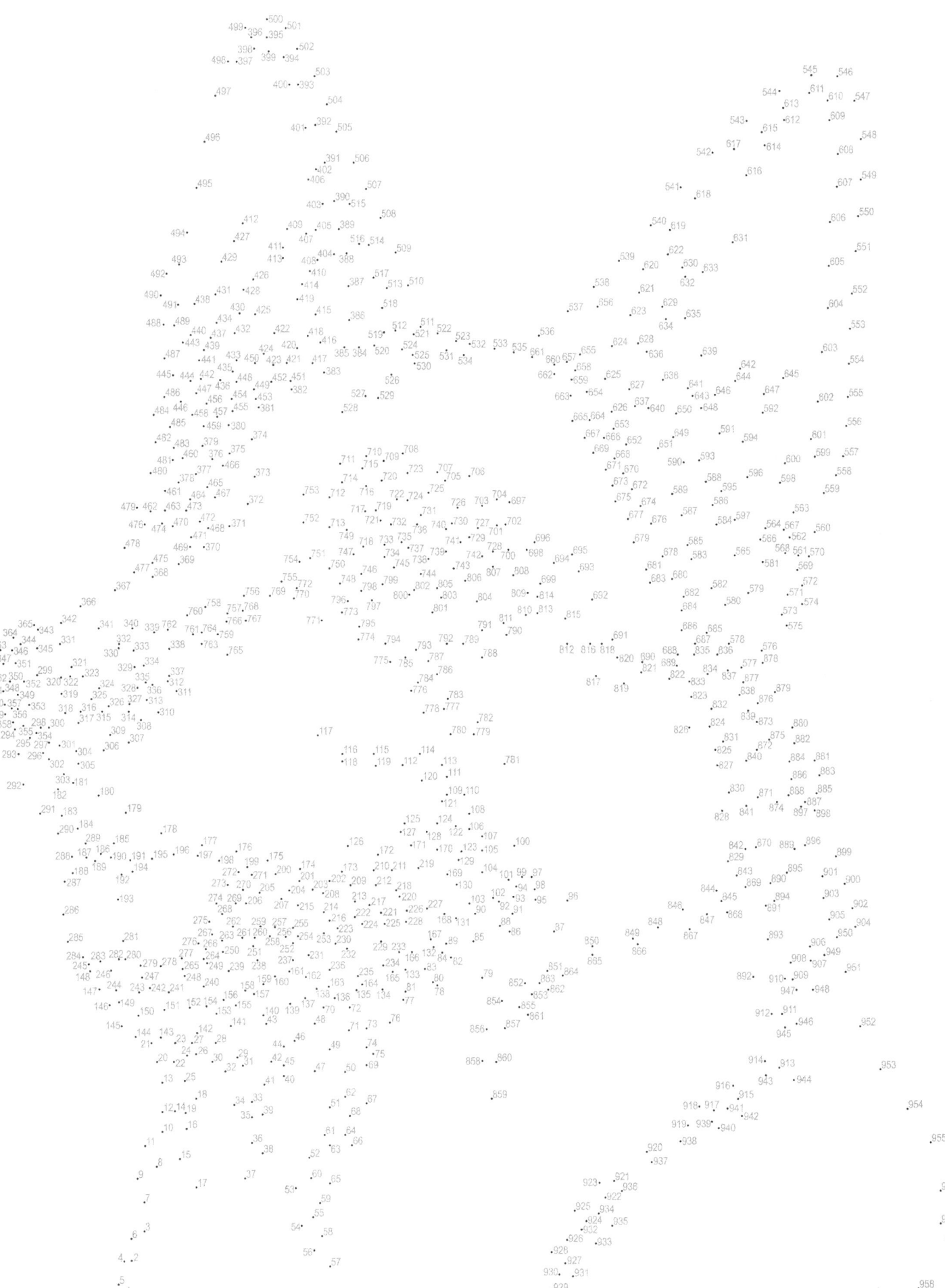

SOLUTIONS

Page 3: Rabbit

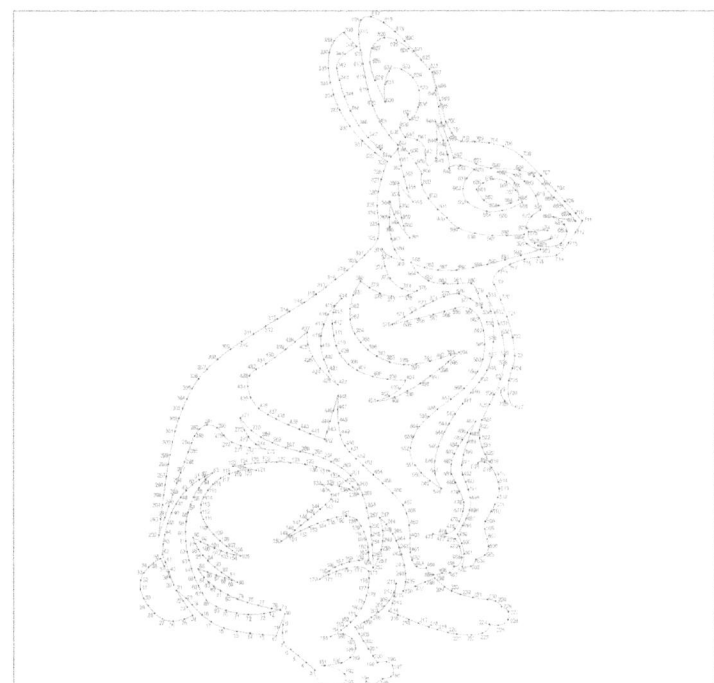

Page 5: Guinea Pigs

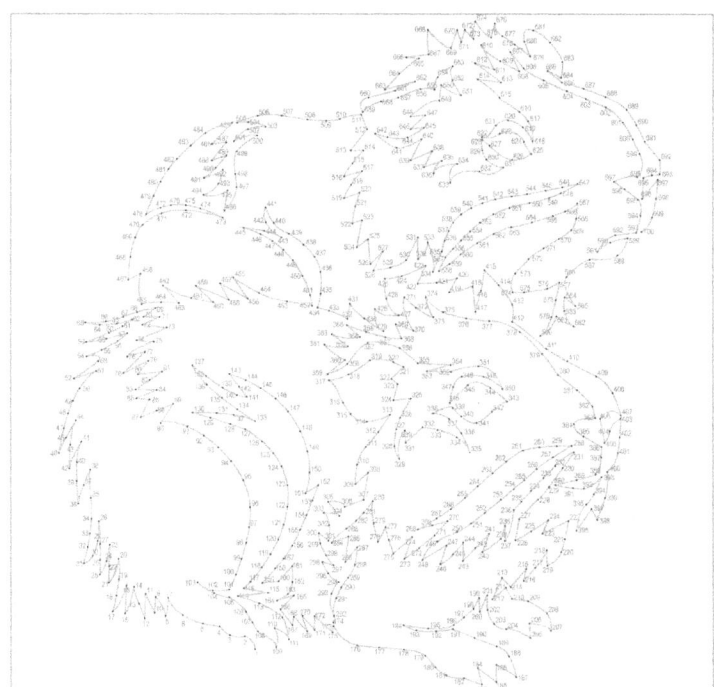

Page 7: Ferret

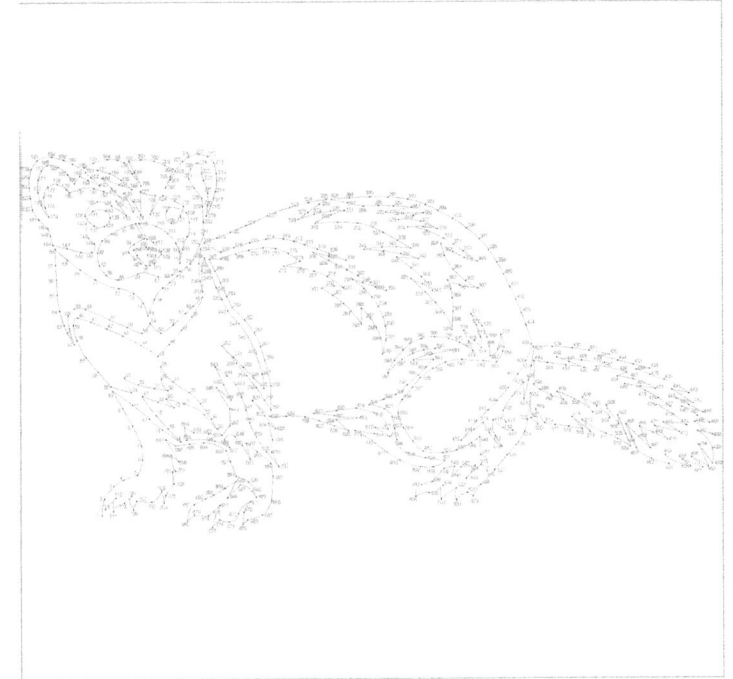

Page 9: Sphynx Cat

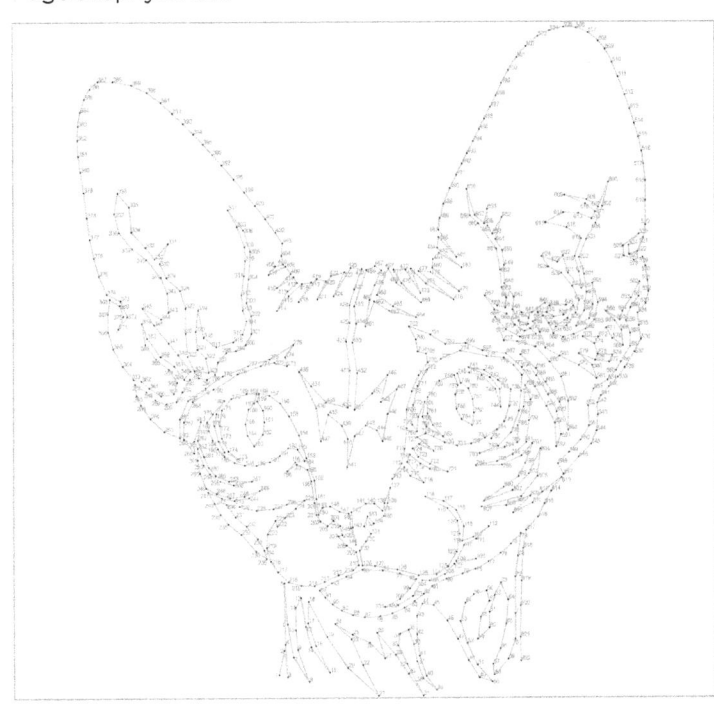

SOLUTIONS

Page 11: Kitten

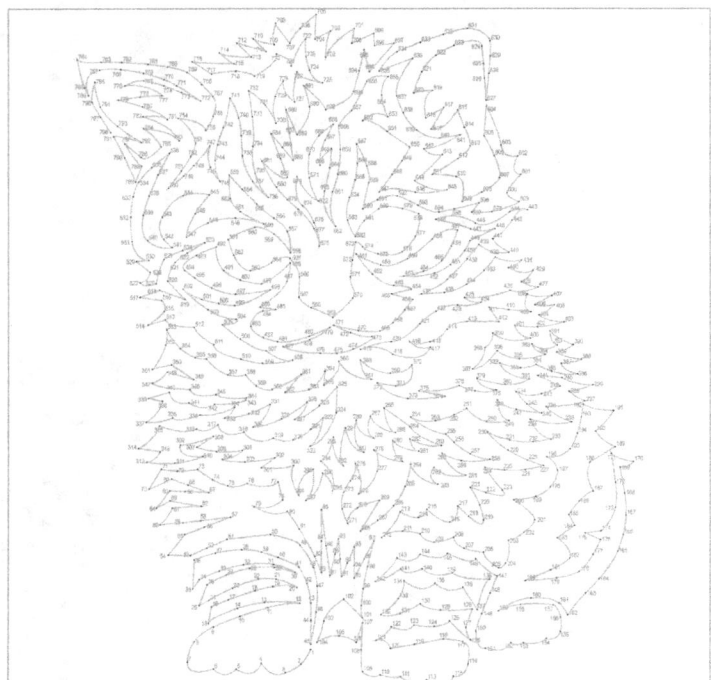

Page 13: Siberian Cat

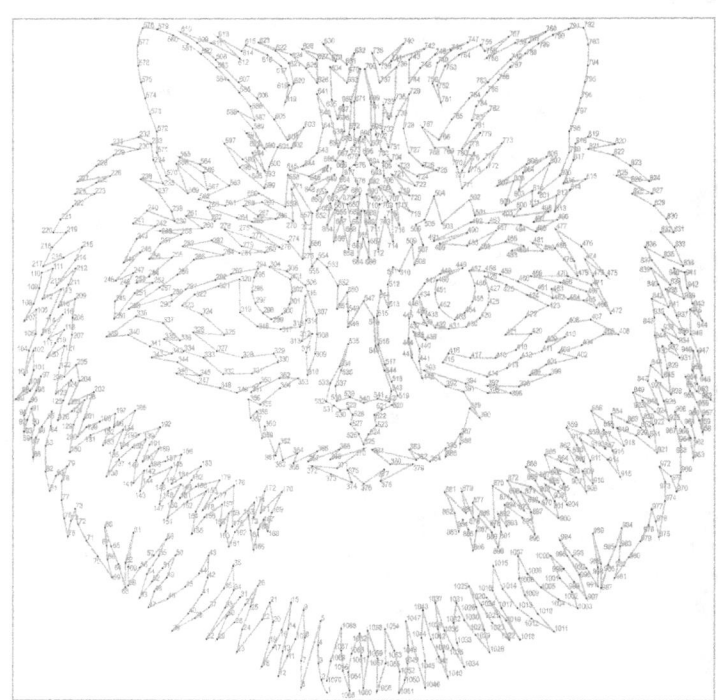

Page 15: Chihuahua

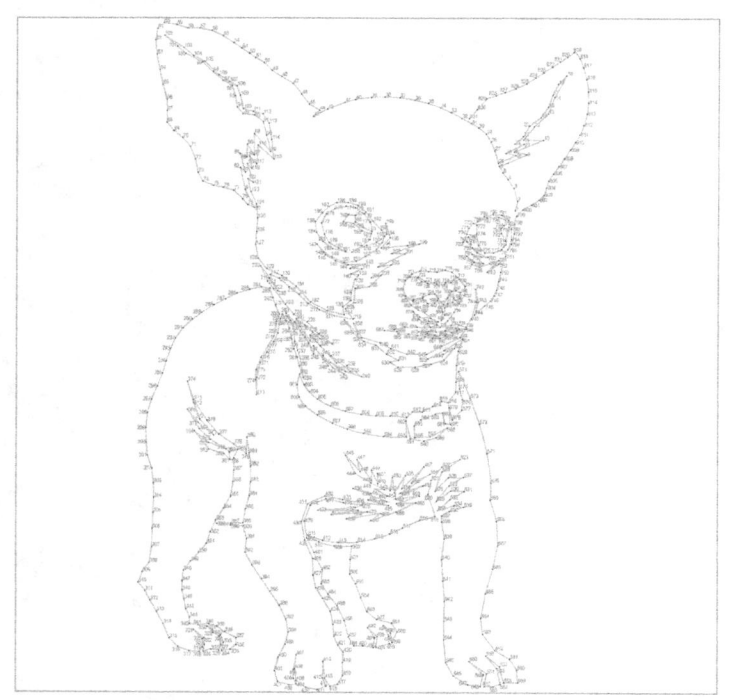

Page 17: Pug

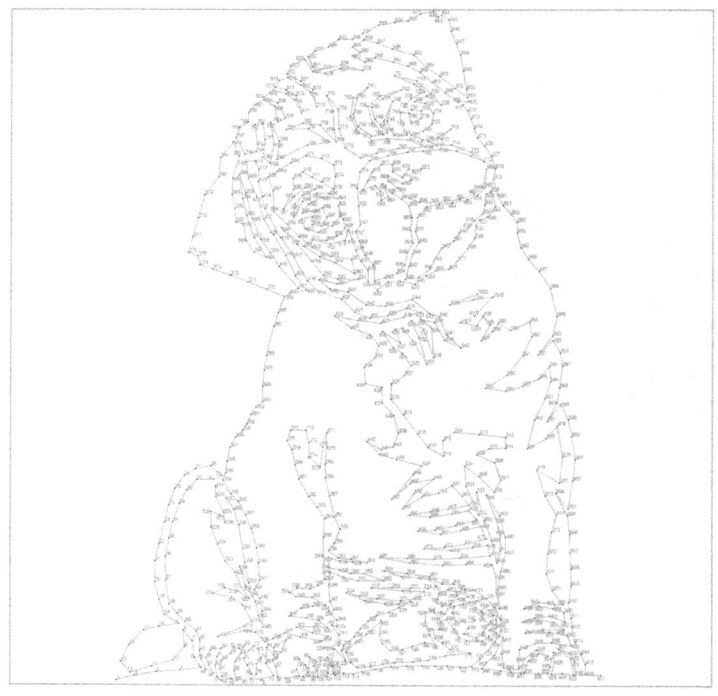

SOLUTIONS

Page 19: St Bernard

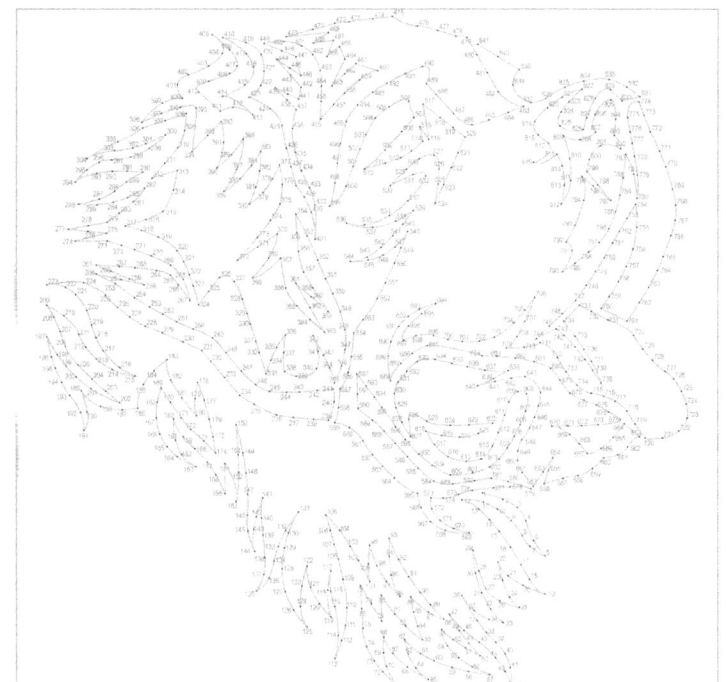

Page 21: Rottweiler

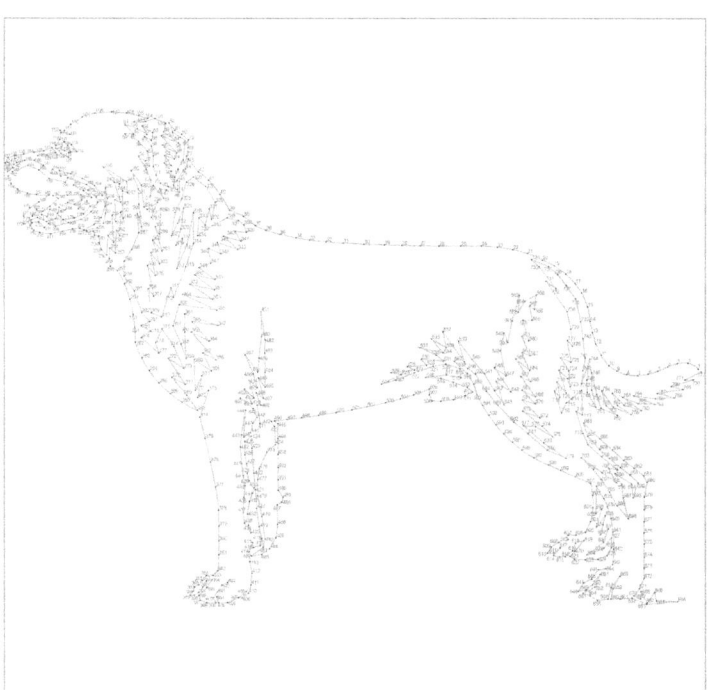

Page 23: German Shepherd

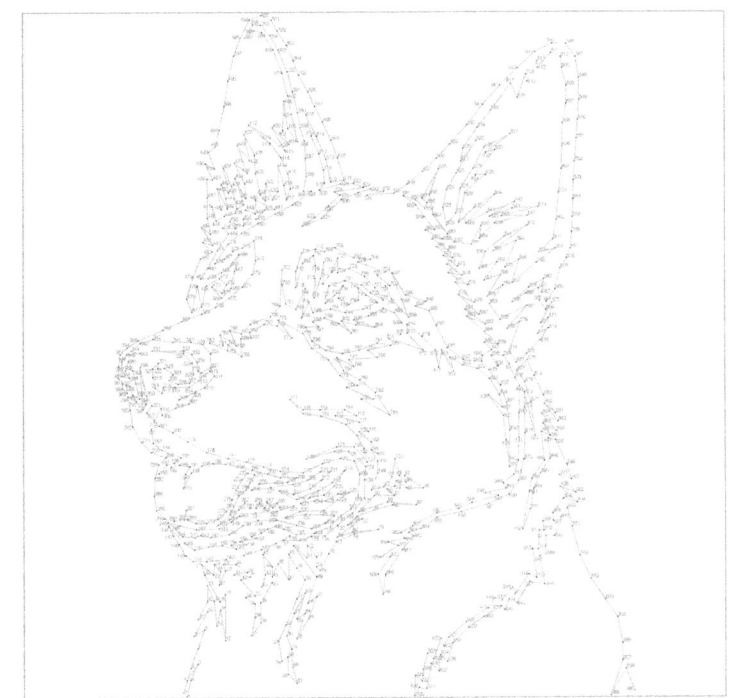

Page 25: English Bulldog

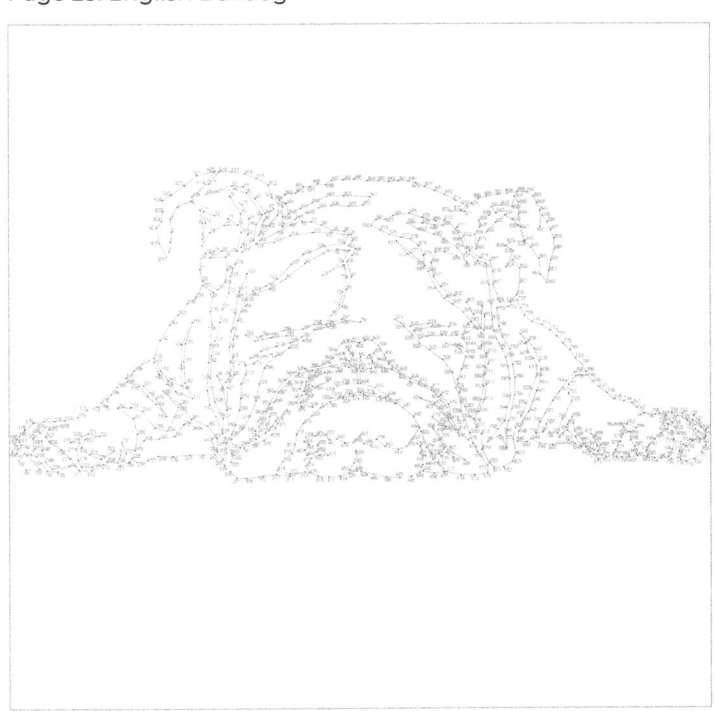

SOLUTIONS

Page 27: Collie

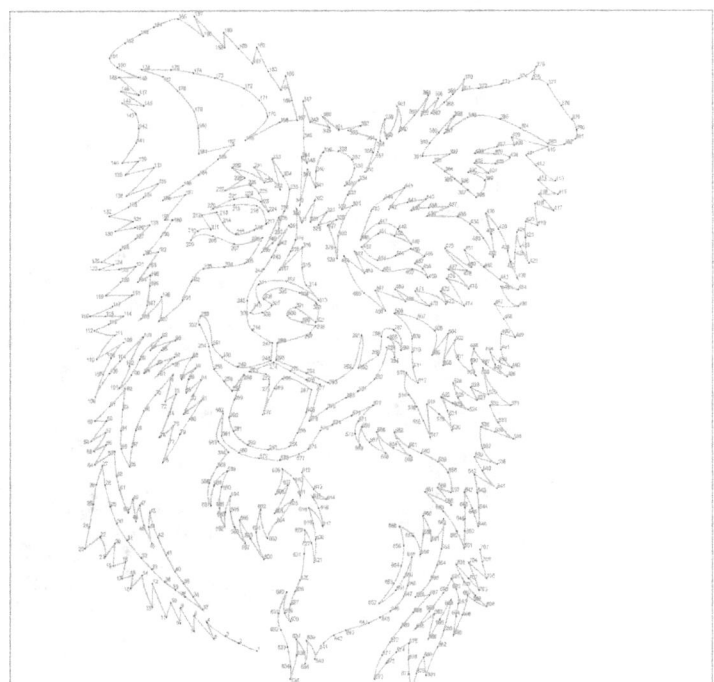

Page 29: Hamster

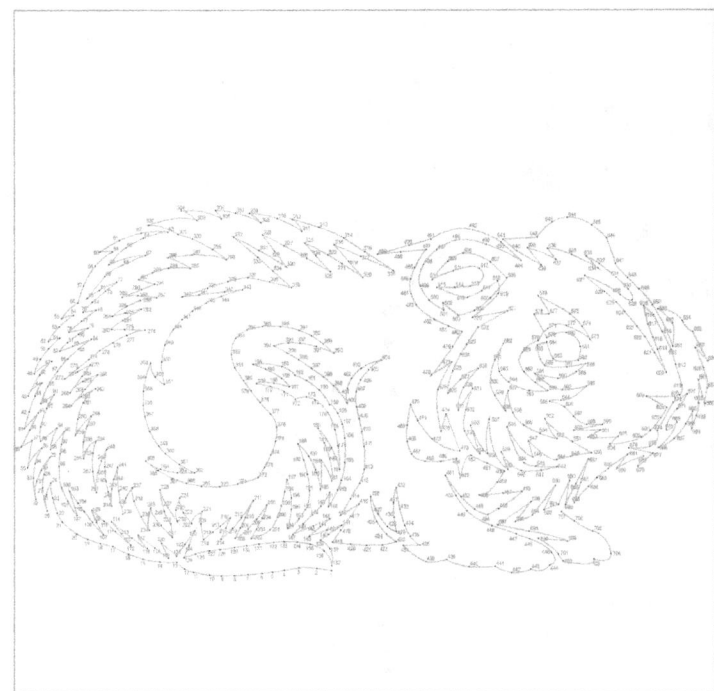

Page 31: Canary

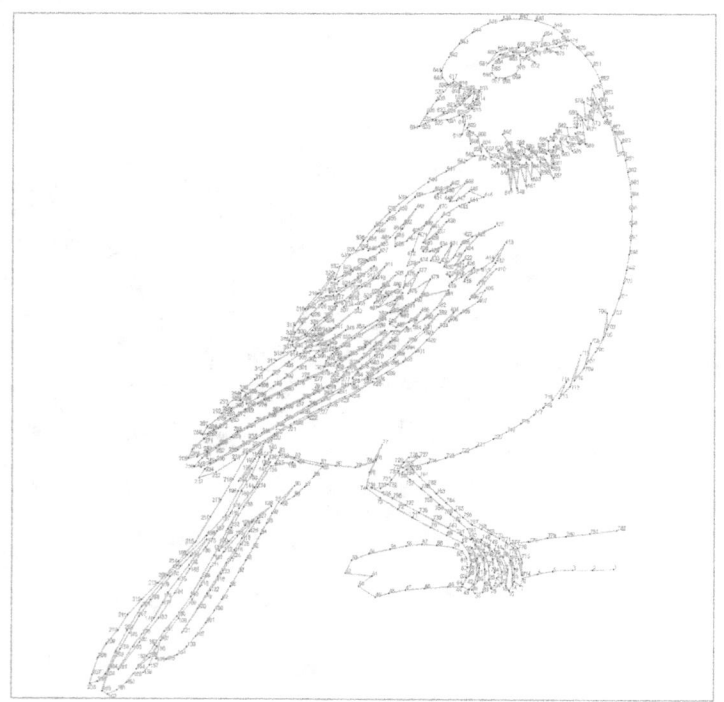

Page 33: Parrot

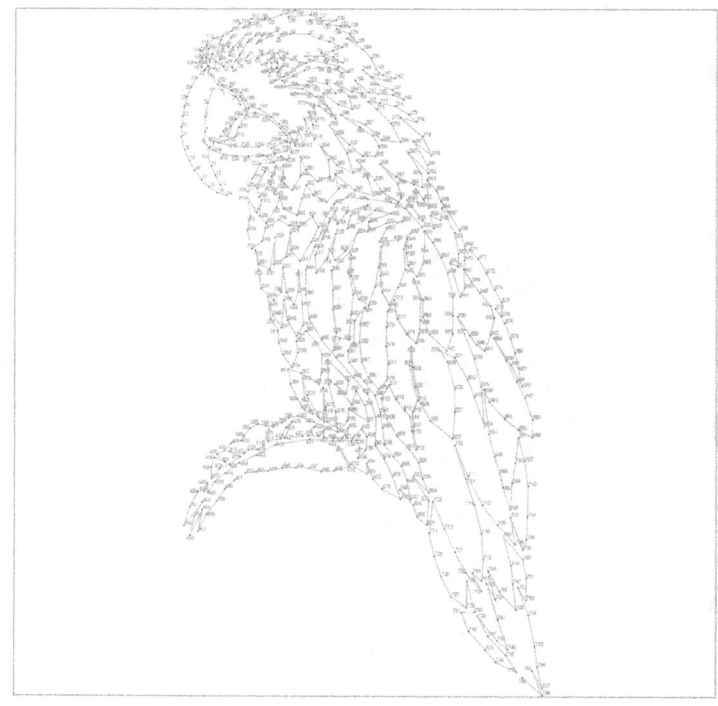

SOLUTIONS

Page 35: Horse

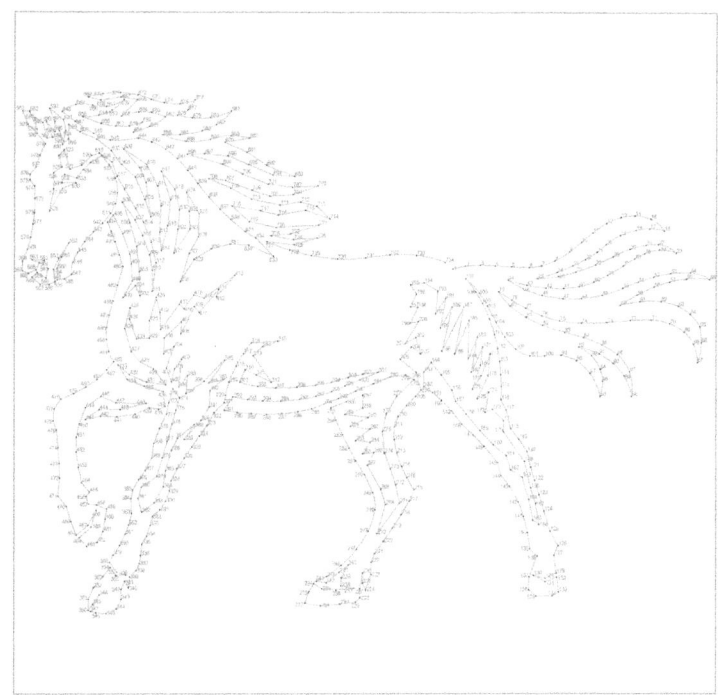

Page 37: Pig

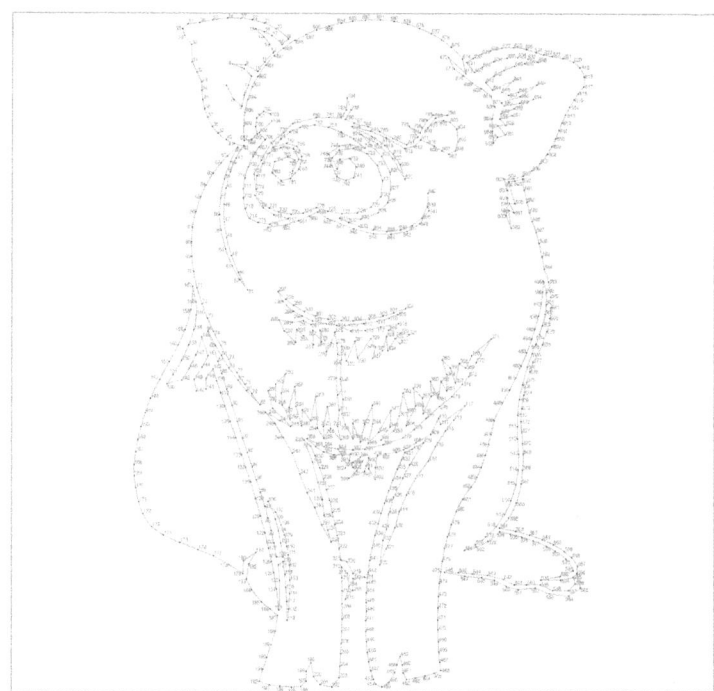

Page 39: Goldfish

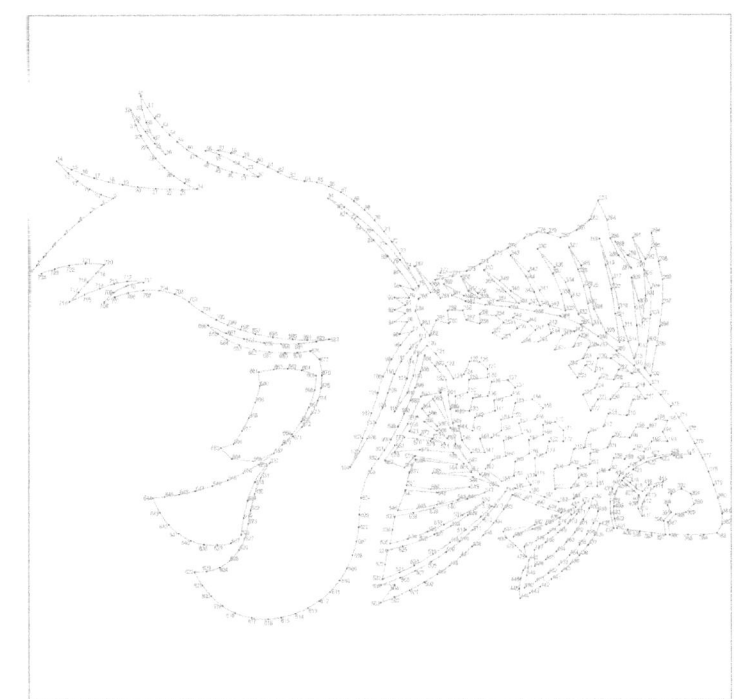

Page 41: Iguana

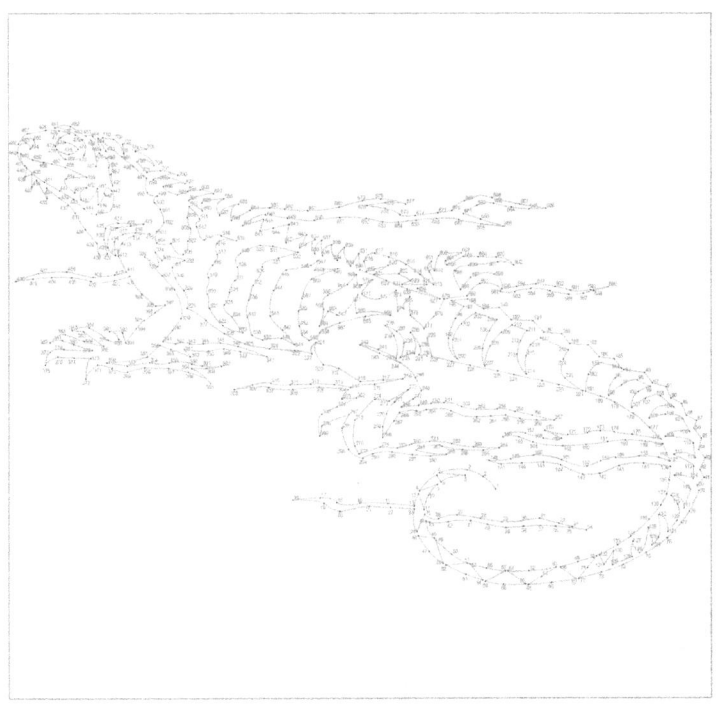